ARMORIAL
GÉNÉRAL
DE FRANCE
DE D'HOZIER
(COMPLÉMENT)

NOTICE GÉNÉALOGIQUE
SUR LA FAMILLE
DE MONTESSON

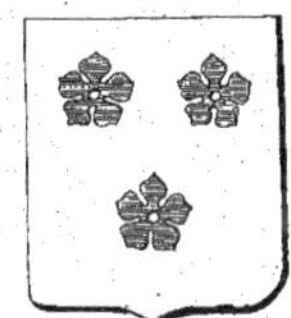

(*Extrait du VIIe Regiſtre, complémentaire.*)

PARIS
LIBRAIRIE DE FIRMIN-DIDOT ET CIE
IMPRIMEURS DE L'INSTITUT
RUE JACOB, 56
M DCCC LXXXI

ARMORIAL
GÉNÉRAL
DE FRANCE

DE D'HOZIER

(COMPLÉMENT)

NOTICE GÉNÉALOGIQUE

SUR LA FAMILLE

DE MONTESSON

(Extrait du VIIe Registre, complémentaire.)

PARIS
LIBRAIRIE DE FIRMIN-DIDOT ET Cie
IMPRIMEURS DE L'INSTITUT
RUE JACOB, 56
M DCCC LXXXI

DE MONTESSON,

Anciens Seigneurs de Bais, Champgénéteux, la Chapelle-Antenaife, Hambers, la Cropte, Saint-Ouen-des-Oies, Souvigné, Deux-Evailles, la Roche-Talbot, la Roche-Pichemer, le Pleffis-Bouret, Saint-Aubin-du-Défert, Douillet, Gennes-le-Gandelin, Sougé-le-Bruant, Sougé-le-Ganelon, &c.; Marquis & Comtes de Monteffon (*).

AU MAINE ET EN ANJOU.

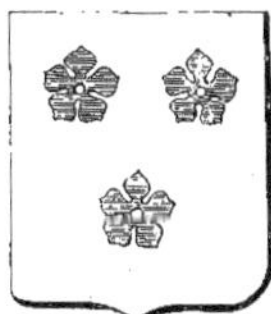

D'Argent à trois Quintefeuilles d'Azur, 2 & 1. DEVISE : Rallie au Roi.

La Maifon de Monteffon a porté dans l'origine le nom patronymique de HUBERT. Elle a donné un Croifé en 1191, PAYEN Hubert de Monteffon (*a*); quatre Lieutenants généraux des armées du Roi, dont un commandait la Maifon de Sa Majefté à Fontenoy, & décida par conféquent la victoire; un autre fut Confeiller intime du Prince de Condé, en émigration, & un autre encore commandait à l'armée de ce même Prince le régiment de Monteffon; plufieurs Maréchaux de camp, entre autres celui qui figure fur la feptième table de bronze au Mufée de Verfailles; un grand nombre de Chevaliers de Saint-Louis, dont un nommé peu de temps après la création de l'Ordre, avait levé en 1674 un régiment à fes frais (*b*); des Chevaliers de Malte aux Langues de France & d'Aquitaine (*c*); le Marquis de Monteffon, premier Député de la Nobleffe du Maine aux États généraux.

L'orthographe du nom de Monteffon varie dans les anciens titres. On le trouve écrit quelquefois *Montoüeffon*, d'autres fois *Montroüeffon* & *Montexon*.

Les archives de famille contiennent encore les titres qui ont fervi à la branche des Seigneurs de Bais à faire fes preuves en 1668, à la branche des Seigneurs du Cormier & de Douillet pour les fiennes en 1698 (*d*), & encore pour les mêmes preuves en 1785, par-devant Chérin, enfuite defquelles ANTOINE-LOUIS-HECTOR, alors Chevalier de Monteffon, monta le 2 Mai dans les carroffes du Roi. Nous n'avons pas voulu avoir recours à d'autres fources pour établir la filiation que nous allons donner ici.

(*) Cette notice a été rédigée par M. le Comte Raoul de Monteffon, décédé le 23 Avril 1869. Nous la publions dans fa teneur primitive, fans y ajouter les changements furvenus dans l'état civil des membres actuels de cette Maifon, poftérieurement au décès de l'auteur. (*Note des éditeurs.*)

(*a*) Collection Courtois. — De Fourmont, *l'Oueft aux Croifades*, t. III, p. 136.

(*b*) Mazas, *Hiftoire de l'ordre de Saint-Louis*.

(*c*) Vertot, *Hiftoire des Chevaliers de Saint-Jean de Jérufalem*.

(*d*) Bibliothèque nationale, Cabinet des titres, vol. 401.

PREMIER DEGRÉ.

JEHAN Ier Hubert de Monteſſon, Écuyer, Seigneur dudit lieu, de Bais, &c., né vers 1340, épouſa, ſuivant contrat du 24 Septembre 1370 (*a*), Jehanne DES BARRES, fille de Guillot DES BARRES, Écuyer, & de Marguerite DE BRÉCÉ. Ils eurent :

1. JEHAN Hubert de Monteſſon, qui ſuit.
2. MARGUERITE Huberde de Monteſſon, femme de Jehan MACÉ, Seigneur de la Corbière.
3. JEANNE-PHILIPPE Huberde de Monteſſon, femme d'Ambroys DE BAILLEUL.

II. DEGRÉ.

JEHAN II Hubert de Monteſſon, Écuyer, Seigneur dudit lieu, de Bais, &c., dit *Hubert le jeune*, fut marié trois fois, ſuivant ſon teſtament du 15 Juin 1432 (*b*) : 1° à Catherine DES ESCOTAIS; 2° à Robine DE CHANTEPIE; 3° à Marie DU CORMIER. Il eut de ſa ſeconde femme :

1. RAOUL ou RAOULLET Hubert de Monteſſon, qui ſuit.

Et de ſa troiſième femme :

2. JEHAN Hubert de Monteſſon, ſouche de la branche cadette.
3. EDINE Huberde de Monteſſon, mariée, ſuivant contrat du 1er Septembre 1444, à François DE VASSÉ, Seigneur de Boueſnay, fils de Guillaume, Écuyer, & de Jehanne CHALMEL.

SEIGNEURS DE BAIS.

III. DEGRÉ.

RAOULLET Hubert de Monteſſon, Écuyer, Seigneur de Bais, &c., épouſa, ſuivant contrat du 5 Septembre 1435 (*c*), Perrine DE CHALMEL, dont il eut :

1. ESTIENNE de Monteſſon, qui ſuit.
2. RAOUL ou RAOULLET de Monteſſon, Seigneur du Verger.
3. GUILLAUME de Monteſſon, Abbé de l'Étoile (*d*).
4. GUILLELMINE de Monteſſon.
5. JULIENNE de Monteſſon, mariée à Jehan LEMAIRE, Écuyer, Seigneur de la Mairie, ſuivant contrat du 6 Février 1451.

Pendant la vie de Raoullet, le château de Monteſſon fut occupé par les Français & par les Anglais (*e*).

IV. DEGRÉ.

ESTIENNE de Monteſſon, Écuyer, Seigneur de Bais, épouſa, par contrat du 6 Novembre 1468 (*f*), Jehanne LEVERRIER, ſœur de Jehan, Écuyer, Seigneur de Leſpine. Ils eurent :

(*a*) Original en parchemin, ſigné : Lefevre, Notaire en la Cour du Bourgnouvel.

(*b*) Original en parchemin, ſigné : Pierre George & Guillaume Chevalier, Notaires au Bourgnouvel. Dans cet acte, Jehan dédommage ſa femme, Marie du Cormier, de quatre quartiers de vigne qu'elle avait vendus pour la délivrance *du corps* dudit Jehan, lors priſonnier des Anglais.

(*c*) Original en parchemin, ſigné : Gère, Notaire au Bourgnouvel.

(d) *Gallia Chriſtiana*, t. VIII, col. 1403. — Dom Piolin, *Hiſtoire de l'Égliſe du Mans*, t. V, p. 213.

(*e*) Archives de la Sarthe.

(*f*) Original en parchemin, ſigné : Blere, Notaire en la Cour de Laval.

1. GERVAIS de Monteſſon, qui ſuit.
2. GUILLAUME ou GUYS de Monteſſon.
3. JEHAN de Monteſſon, Doyen d'Evron, Abbé de l'Étoile (*a*).
4. ANNE de Monteſſon, Religieuſe de l'ordre de Saint-François.
5. MARIE de Monteſſon, femme de Geoffroy RAINE, Écuyer, Seigneur de Vauboureau.

V. DEGRÉ.

GERVAIS de Monteſſon, Écuyer, Seigneur dudit lieu, de Bais, Courtibeuf, &c., épouſa, ſuivant contrat du 13 Janvier 1492 (*b*), Guyonne DE BOUILLÉ, fille de feu Loys, Chevalier, & de Marie DE LA LOBE, Dame du Bourgneuf. Il en eut :

1. FRANÇOIS de Monteſſon, mort ſans poſtérité de ſa femme Marguerite D'ASSÉ, fille de Guy, Écuyer, Seigneur de Montfaucon, & de Jacquine DE MARIDOR, Dame de la Freſlonnière. Il avait été tué par ſon couſin François de Vaſſé, Seigneur de Boueſnay (*c*).
2. RÉNÉ de Monteſſon, qui ſuit.
3. OLIVE de Monteſſon, femme de Louis AMELON, Écuyer.

VI. DEGRÉ.

RÉNÉ Ier de Monteſſon, Écuyer, Seigneur de Bais, Courtibeuf, la Ridellière, &c., épouſa Françoiſe D'ASSÉ, ſœur de Marguerite, veuve de François de Monteſſon, ci-deſſus (*d*). Ils eurent :

1. RÉNÉ de Monteſſon, qui ſuit.
2. MARGUERITE de Monteſſon, femme d'Étienne DE TORCHARD.
3. CLAUDINE de Monteſſon, femme de Scipion CHARLOT, Seigneur de Beauchêne.
4. CHARLOTTE de Monteſſon.

VII. DEGRÉ.

RÉNÉ II de Monteſſon, Chevalier, Seigneur de Bais, Favières, le Pleſſis-Bouret, le Margat, &c., Chevalier de l'Ordre du Roi, Gentilhomme de ſa chambre, épouſa : 1° Charlotte PERCAULT, veuve de Claude DE CHISSEY & fille de Pierre, Seigneur du Margat, Combrée, Boisjolain, &c., & de Françoiſe DE FAVIÈRES, veuve de Claude DE TESSÉ, Seigneur de Saint-Loup (*e*); 2° ſuivant contrat du 31 Août 1607 (*f*), Rénée DES ROTOURS, fille de feu Robert, Chevalier, & de Dame Barbe D'AULNIÈRES. De ſa première femme il eut :

1. RÉNÉ, *dit* le Baron de Monteſſon, né à Bais le 24 Avril 1582, tué à Mayenne, en 1590, à la tête d'un régiment de Ligueurs (*g*).
2. ANDRÉ de Monteſſon.
3. FRANÇOISE de Monteſſon, mariée : 1° par contrat du 13 Octobre 1586, avec

(*a*) *Gallia Chriſtiana*, t. VIII, col. 1403.

(*b*) Original en parchemin, ſigné : Richart, Notaire en la Cour du Bourgnouvel.

(*c*) Tranſaction de Réné de Monteſſon & de Marguerite d'Aſſé avec le Seigneur de Boueſnay, du 23 Mai 1548. Original en parchemin.

(*d*) Sommation & enquête par Réné comme ayant le bail & garde noble des enfants mineurs de lui & de Françoiſe, du 20 Juillet 1564. Groſſe en papier, ſignée : Mercier. — Partage & tranſaction entre Réné d'Aſſé & Réné II de Monteſſon, du 6 Mai 1585, devant Bian, Notaire à Bais. Original en parchemin, ſigné du Notaire & des parties.

(*e*) Acte de baptême d'un de leurs fils. Copie authentique.

(*f*) Original en parchemin, ſigné : Chereau, Notaire du Mans & du Bourgnouvel.

(*g*) Mezeray, *Hiſtoire de France*. — De Thou, *Hiſtoire univerſelle*.

Jehan LE CORNU DE LA COURBE DE BRÉE, Chevalier, & 2° par contrat du 4 Juin 1598, avec Lancelot DE BARAT.

Et de sa seconde femme :

4. CHARLES de Montesson, qui suit.
5. JEAN-BAPTISTE de Montesson, tué à Bourg en 1653 (*a*).
6. RÉNÉ, *dit* l'Abbé de Montesson.
7. MARIE de Montesson, mariée, suivant contrat du 9 Février 1642, à René D'ANTENAISE, Chevalier.

VIII. DEGRÉ.

CHARLES de Montesson, *dit* le Comte de Montesson (*b*), Chevalier, Seigneur dudit lieu, de Bais, Champgénéteux, la Roche-Pichemer, &c., Capitaine-Lieutenant des compagnies du Duc de Vendôme (*c*), chargé par le Roi d'une mission à Barcelone, donna quittance de deux mille livres allouées à ce voyage (*d*). Le 8 Novembre 1650, le Roi accorda au Comte de Montesson, Maréchal de bataille, commandant le régiment d'infanterie de Vendôme, une pension de 3000# sur son épargne. Lieutenant général d'artillerie de marine le 19 Octobre 1652, Gouverneur de Bourg le 15 Juin 1653 (*e*), il fut chargé, au mois d'Août suivant, par le Duc de Vendôme, de porter au Roi la nouvelle de la prise de Bordeaux (*f*). Le Comte de Montesson fut nommé, le 13 Avril 1657, Lieutenant général à l'armée de Piémont (*g*). Il avait épousé, suivant contrat du 24 Juin 1636, par-devant Lainé, Notaire à Paris, Marie PRÉVÔT DE SAINT-CIR, fille de feu Messire Jacques PRÉVÔT DE SAINT-CIR, Conseiller d'État & privé, Maître des requestes ordinaires, & d'Antoinette CAMUS DE PONTCARRÉ. De ce mariage :

1. GUY de Montesson, marié, le 26 Décembre 1668, à Charlotte-Élisabeth DE CHASTILLON, fille d'André, Marquis d'Argenton, & de Marie-Marguerite GOUFFIER, & petite-fille de Louis Gouffier, Duc de Roannais (*h*). Il n'en eut qu'une fille, & fut tué à Argenton.
2. JEAN-BAPTISTE de Montesson, qui suit.
3. MARIE de Montesson, femme d'Alexandre, Marquis d'ACHÉ.

IX. DEGRÉ.

JEAN-BAPTISTE Ier de Montesson, *dit* le Marquis de Montesson (*i*), Seigneur dudit lieu, de Bais, du Plessis-Bouret & autres lieux, fut d'abord Chevalier de Malte, reçu au Grand Prieuré d'Aquitaine le 22 Juillet 1667; il quitta la religion à la mort de son frère aîné, entra exempt aux Gardes du corps, combattit à Fleurus, Steinkerque, Nerwinde, Ramilies & à Malplaquet. Il leva un régiment à ses frais en 1674. Chevalier de Saint-Louis en 1694 (*j*); commande l'escorte du Roi d'Espagne en 1700 (*k*); Lieutenant des Gardes du corps auprès du Duc de Bourgogne, en Flandre, en 1702 (*l*); commande ces mêmes Gardes en 1710. Il avait épousé, sui-

(*a*) Musée de Versailles. Tables de bronze.

(*b*) Pour le titre de Comte, actes cités plus loin de 1672 & 1673 & les brevets ou autres parchemins des notes ci-dessous (*c*) (*d*) (*e*) (*g*).

(*c*) (*d*) (*e*) Brevets en parchemin, originaux.

(*f*) Loret, *Muse historique*.

(*g*) Brevet en parchemin, signé : Louis.

(*h*) P. Anselme, t. VI, p. 119.

(*i*) Titré Marquis dans deux actes authentiques devant Roussel, Routtier & Pillaut, Notaires au Châtelet; quittance du 21 Avril 1672 & compte de tutelle du 17 Juin 1673.

(j) *Journal* de Dangeau. — Mazas.

(k) (l) *Journal* de Dangeau.

vant contrat du 25 Octobre 1685, Catherine DE CERVON, veuve de Pierre DE LA DUFFERIE, & fille de Joſeph, Seigneur des Arcis, le Buret, la Cropte, &c., & de Catherine DE VOLANT DE L'ARRIAYE. De ce mariage :

1. JEAN-BAPTISTE de Monteſſon, qui ſuit.
2. CHARLES de Monteſſon, qui viendra après ſon frère.
3. MARIE de Monteſſon, ſans alliance (*a*).

X. DEGRÉ.

JEAN-BAPTISTE II, Marquis de Monteſſon, Seigneur de Bais, &c., Brigadier des armées du Roi, épouſa : 1° ſuivant contrat du 14 Novembre 1719 (*b*), Marguerite-Yris DE POIX, veuve de Meſſire René-François DE VISDELOU, Chevalier, Seigneur de Bienaſſis, Préſident aux enquêtes du Parlement de Bretagne, & fille de feu Gilles, Comte DE POIX, Seigneur de la Maſſais, & de Marie-Françoiſe DE POIX, des Princes de ce nom; 2° Charlotte-Jeanne BÉRAUD DE LA HAIE DE RIOU, qui, veuve ſans enfants, épouſa, le 23 Avril 1773, Louis-Philippe, Duc D'ORLÉANS (*c*).

Dans tous les actes ſuſénoncés, Jean-Baptiſte II eſt titré Marquis.

X. DEGRÉ.

CHARLES, Comte de Monteſſon, frère du précédent, après avoir été priſonnier à Ramilies, fut nommé Colonel du régiment de Monteſſon en 1706, ſe diſtingua à Vire-Saint-Éloi, en 1710, ſervit d'Aide de camp au Maréchal de Villars à Denain & à Marchiennes; Enſeigne des Gardes du corps le 1er Juin 1717, Brigadier le 1er Février 1719, Gouverneur d'Agde & de Breſcou le 1er Mai 1731, Brigadier de la Maiſon du Roi à Philippsbourg, Maréchal de camp le 1er Août 1734, Lieutenant général le 1er Mars 1738, Chevalier de Saint-Louis (*d*). Commande la Maiſon militaire à Fontenoy, & décide la victoire ſous les ordres de Richelieu (*e*). Il apaiſe en 1757 une ſédition des Gardes du corps à Aloſt. Il avait épouſé, le 13 Août 1738, Anne-Émilie ROUILLÉ, fille de Pierre-Antoine, Préſident au Grand Conſeil, & d'Anne LEGOUZ-MAILLARD, & petite-fille de Pierre ROUILLÉ, Préſident au Grand Conſeil & Ambaſſadeur en Portugal. Il ne laiſſa, non plus que ſon frère aîné, aucune poſtérité.

SEIGNEURS DU CORMIER, SAINT-AUBIN & DOUILLET.

III. DEGRÉ.

JEHAN Hubert de Monteſſon, Écuyer, Seigneur du Cormier & de Saint-Aubin-du-Déſert, fils de JEHAN Hubert, le jeune, & de Marie DU CORMIER, épouſa, par contrat paſſé le 26 Novembre 1450, devant Bardenne, Tabellion à Sillé (*f*), Emerie

(*a*) C'eſt ſans doute celle dont Mme de Genlis fait un ſi grand éloge dans ſes mémoires.
(*b*) Contrat paſſé par Lanverjon, Notaire à Paris. Groſſe en papier, ſignée : Démonts
(*c*) Archives de l'hôtel de ville de Paris; paroiſſe de Saint-Euſtache.
(*d*) Relevé de ſes états de ſervice par ſon frère le Marquis.
(*e*) Maréchal de Saxe, *Mémoires*. — Voltaire & Piron, *Poemes*.
(*f*) Groſſe en parchemin délivrée le 3 Avril 1464 par Chauboucher, auſſi Tabellion à Sillé.

DE CHAMPEAUX, fille de Jehan, Écuyer, Seigneur de Generre. Ils eurent pour enfants :

1. GUILLAUME de Monteſſon, qui ſuit.
2. ÉTIENNE de Monteſſon, Religieux.
3. MARGUERITE de Monteſſon, femme de noble Raoullet MORIN, Écuyer.
4. JEHAN de Monteſſon.

IV. DEGRÉ.

GUILLAUME Ier de Monteſſon, Écuyer, Seigneur de Saint-Aubin, du Cormier, &c., épouſa, par contrat paſſé le 26 Mai 1470, devant Le Roy, Notaire de la Cour de Bourgnouvel (*a*), Damoiſelle Loyſe BOUCHART, fille de Guillaume, Seigneur de la Miterie, & de Damoiſelle Geffeline DU BOYS. Il en eut :

1. NICOLAS de Monteſſon, qui ſuit.
2. JULIEN de Monteſſon, Curé de Landigouſt.
3. LOUIS de Monteſſon, marié à Marie DU BUEIL.
4. ALEXANDRE de Monteſſon, Prêtre.
5, 6 & 7. JEANNE, RÉNÉ & ÉLISABETH de Monteſſon.
8. AMBROISE de Monteſſon, Abbé de l'Étoile (*b*).
9. FRANÇOISE de Monteſſon, femme : 1° de Guillaume MARTINAIE, 2° de Pierre DU PIN, Écuyer.

V. DEGRÉ.

NICOLAS de Monteſſon, Écuyer, Seigneur de Saint-Aubin, du Cormier, &c., épouſa : 1° Marie DU BOUCHET, fille de feu Pierre, Écuyer, Seigneur de Maleffre (*c*); 2° Andrée DE MONTECLER, veuve de Pierre D'ARGENSON (*d*). Il eut de ſa première femme :

1. GUILLAUME de Monteſſon, qui ſuit.
2 & 3. ANTOINETTE & MARGUERITE de Monteſſon, Religieuſes.
4. HÉLÈNE de Monteſſon, mariée d'abord à André MELLET, puis à Réné DE LA CHAPELLE.

Et de ſa ſeconde femme :

5. MARIE de Monteſſon, morte Religieuſe à Notre-Dame d'Eſſay, en Normandie.

VI. DEGRÉ.

GUILLAUME II de Monteſſon, Écuyer, Seigneur de Saint-Aubin, du Cormier, Douillet, &c., épouſa : 1° Damoiſelle Françoiſe JAGU; 2° ſuivant contrat du 14 Février 1555 (*e*), Damoiſelle Roze DE FERREQUIN, fille d'Anthoine, Écuyer, Seigneur de Douillet, & de Damoiſelle Rénée D'ORCISSES. Il eut de ſa première femme :

1. FRANÇOISE de Monteſſon, mariée : 1° le 1er Février 1555, à Anthoine DE FERREQUIN, devenu le même jour beau-père de Guillaume de Monteſſon; 2° à Charles D'ORVAUX, Seigneur de Courdemanche.

(*a*) Groſſe en parchemin, ſignée dudit Notaire.

(b) *Gallia Chriſtiana*, t. VIII, col. 1403. — Dom Piolin, *Hiſtoire de l'Égliſe du Mans*.

(*c*) Groſſes en parchemin, ſignée : Teſtu, Notaire de la Cour de Bourgnouvel, de contrats d'acquêts de Courdaulain des 28 Février 1507 & 23 Septembre 1513. — Partage à Marguerite DU PIN, du 11 Juin 1549. Groſſe en papier.

(*d*) Appointement de la ſénéchauſſée du Maine entre Andrée & ſon beau-fils, Guillaume, du 27 Mars 1543. Expédition ſur papier. — Tranſaction entre les mêmes du 6 Juin 1545.

(*e*) Groſſe en parchemin, ſignée : Buſſon, Notaire à Douillet.

2. MADELEINE de Monteſſon, femme de Pierre DE CORDAY.
3. JEANNE de Monteſſon, femme de Jean DE LA POMMERAIE.

Et de ſa ſeconde femme :

4. JACQUES de Monteſſon, qui ſuit.

VII. DEGRÉ.

JACQUES de Monteſſon, Chevalier, Seigneur de Douillet, Saint-Aubin, &c., l'un des cent Gentilshommes de la Maiſon du Roi, épouſa, ſuivant contrat du 21 Novembre 1583, où il eſt qualifié noble & puiſſant Seigneur (*a*), Damoiſelle Jehanne DE ROUGÉ, fille de haut & puiſſant Seigneur Mathurin, Chevalier, Seigneur des Rües, Chevalier de l'Ordre du Roi, Gentilhomme de ſa chambre, & de Damoiſelle Rénée DE DUNELLE, veuve en premières noces de Jacques DE COURTARVEL. Ils eurent pour enfants :

1 & 2. CHARLES & HÉLÈNE de Monteſſon.
3. JACQUES de Monteſſon, Religieux de l'abbaye de Saint-Calais.
4, 5 & 6. JEAN, THOMAS & LOUISE de Monteſſon.
7. FRANÇOIS de Monteſſon, marié, le 7 Janvier 1623, à Marguerite DE SÉVIN.
8. JEAN de Monteſſon, qui ſuit.
9. MATHURIN de Monteſſon.
10. FRANÇOISE de Monteſſon, femme de François LE MAIRE DE LA COLLETIÈRE.
11. JACQUINE de Monteſſon.
12. MATHURIN Ier de Monteſſon, Seigneur du Cormier, né à Douillet le 23 Octobre 1605, marié, le 15 Juillet 1640, à Marguerite DU BOYS, fille de Jacques DU BOYS & de Claude DE LONLAY. Leur fils unique MATHURIN II fit enregiſtrer ſes armoiries, en 1698, dans l'*Armorial général de France* (b). Il avait épouſé, le 26 Novembre 1687, Rénée DE LONLAY, fille de François, Seigneur des Buats, & de Jeanne DE GUIBERT. De ce mariage il eut cinq fils, ſavoir : JEAN, NICOLAS-FRANÇOIS, MATHURIN, ANDRÉ-HENRI & JEAN-THOMAS, dont trois prirent alliance. Tous moururent ſans poſtérité.

VIII. DEGRÉ.

JEAN II de Monteſſon, Chevalier, Seigneur de Douillet, épouſa, par contrat paſſé le 19 Juillet 1640 (*c*), Damoiſelle Éliſabeth PICART, fille de noble Julien PICART, Seigneur de Villeneufve, & de Damoiſelle Magdelaine FOULLARD. Ils eurent pour enfants :

1 & 2. RÉNÉ & ÉLISABETH de Monteſſon.
3. MARIE de Monteſſon, mariée, le 25 Avril 1678, à Léonor DE JUPILLES, fils de Chriſtophe & de Marie DE GOUÉ.
4. JEANNE de Monteſſon.
5. JEAN-BAPTISTE de Monteſſon, Capitaine au régiment de Normandie, tué au ſervice du Roi.
6. JEAN de Monteſſon, qui ſuit.
7. FRANÇOIS de Monteſſon, Capitaine au régiment de Normandie, tué au ſervice du Roi.

(*a*) Groſſe en parchemin, ſignée : Brethonneau, Notaire à Baugé.
(*b*) Bibliothèque nationale, Cabinet des titres, Regiſtre de Tours, vol. 401.
(*c*) Groſſe en parchemin, ſignée : Chauvyn, Tabellion à Freſnay.

8, 9 & 10. CHARLES, LOUIS-JOSEPH & ROBERT-FRANÇOIS de Monteſſon.

11. JOSEPH de Monteſſon, Capitaine au régiment de Normandie, mort ſans enfants de ſon mariage avec Anne DE SARRAZIN, Dame de Vezins à Mayet. Il avait fait ſes preuves de nobleſſe avec ſon couſin Mathurin II en 1698.

IX. DEGRÉ.

JEAN III de Monteſſon, Chevalier, Seigneur de Douillet, épouſa, par contrat du 4 Août 1685 (*a*), Damoiſelle Marguerite MAUDET, fille de Jacques, Chevalier, Seigneur du Verger, Maréchal général des logis, camps & armées du Roi, & de défunte Dame Anne DE LANGLÉE. Sa femme, étant déjà veuve, obtint de Hue de Miromeſnil, Intendant de Touraine, un jugement de maintenue de nobleſſe en faveur de la famille de ſon mari, le 3 Juillet 1698 (*b*). Enfants de ce mariage :

1. JEAN-THOMAS de Monteſſon, qui ſuit.

2 & 3. MARIE-MARGUERITE & FRANÇOISE-ADEGONDE de Monteſſon, Religieuſes.

X. DEGRÉ.

JEAN-THOMAS de Monteſſon, Chevalier, Seigneur de Douillet, né à Douillet le 19 Novembre 1688, fit devant d'Hozier ſes preuves de Page de la Petite Écurie en 1704 (*c*), devint Capitaine au régiment de cavalerie de Villeroy, & fut nommé Maréchal général de la cavalerie légère le 5 Janvier 1713 (*d*), épouſa : 1° par contrat devant Blanche, Notaire à Coulie, le 5 Février 1711 (*e*), Madeleine-Paule DU PRAT, fille de Meſſire Pierre DU PRAT, Écuyer, Seigneur de Roüez, & de Dame Dorothée LE MAIRE DE MILLIÈRE; 2° Angélique DE GAULTIER-CHIFFREVILLE, fille de François DE GAULTIER, Chevalier, Marquis de Chiffreville, & de Louiſe-Madeleine DE FROULLAY DE TESSÉ. Il eut de ſa première femme :

1. LOUIS-PIERRE-JOSEPH de Monteſſon, qui ſuit.
2. PIERRE de Monteſſon, mort Page de la Reine.
3. ANGÉLIQUE-BONNE-LÉONORE de Monteſſon, Supérieure de la Viſitation du Mans.

XI. DEGRÉ.

LOUIS-PIERRE-JOSEPH de Monteſſon, Chevalier, Seigneur de Douillet, Saint-Aubin, Moré, Moire-la-Haute, &c., épouſa, ſuivant contrat du 19 Septembre 1738, paſſé par Réné Pettier, Notaire à Aſſé-le-Boiſne (*f*), Damoiſelle Marguerite-Rénée LESILLEUR, fille de feu Balthazar, Lieutenant de vaiſſeau, Chevalier de Saint-Louis, & de Dame Marie-Marguerite-Yvonne LELONG. Leurs enfants furent :

1. JEAN-LOUIS de Monteſſon, qualifié Marquis de Monteſſon (*g*), né à Douillet le 27 Juin 1746, Syndic de la Nobleſſe du Maine aux États provinciaux en 1787 (*h*), premier Député de ladite Nobleſſe aux États généraux de 1789 (*i*), démiſſionnaire à la réunion des trois Ordres & remplacé par Mr de Choiſeuil; émigré, Conſeiller intime du Prince de Condé; Général-Major Commiſſaire

(*a*) Groſſe en parchemin, ſignée : Godemer, Notaire à Freſnay.
(*b*) (*c*) Bibliothèque nationale, Cabinet des titres.
(*d*) Commiſſion ſur parchemin, ſignée : Louis.
(*e*) Groſſe en papier, ſignée : Blanche.
(*f*) Groſſe en papier, ſignée : Pettier; légaliſée.
(*g*) Il eſt porté avec ce titre ſur les procès-verbaux de l'Aſſemblée provinciale du Maine, en 1787, & de l'Aſſemblée générale de la Nobleſſe, en 1789, & dans l'acte cité à la note (*a*) de la page ſuivante.
(*h*) (*i*) Procès-verbaux imprimés.

pour l'établiffement de l'armée des Princes fur les bords de la mer d'Azof. Décédé fans alliance, en Pologne, en 1802.

2. Balthazar-Michel de Monteffon, qui fuit.
3. Antoine-Louis-Hector, qualifié Vicomte de Monteffon (*a*), né à Douillet le 21 Août 1752, Meftre de camp commandant en fecond le régiment d'Orléans, fit fes preuves devant Chérin, & monta dans les carroffes du Roi le 2 Mai 1785 (*b*). Aide de camp du Prince de Condé en émigration, Meftre de camp du régiment de Monteffon en Juillet 1795, Maréchal de camp le 19 Février 1796, Général-Major Commiffaire avec fon frère le Marquis pour établir l'armée des Princes fur les bords de la mer d'Azof, Capitaine commandant la 7e compagnie des chaffeurs nobles à pied, Lieutenant général le 13 Août 1814. Sans enfants de fes trois femmes, Mlles de Mariani, Hérisson de Villiers & de Savoisy.
4. Louise-Marguerite de Monteffon, mariée : 1° à Regnier de Raffelange; 2° en Mai 1768, à Louis-Augufte Leroy de Montaupin, Colonel d'artillerie.
5. Madeleine-Emmanuelle de Monteffon, mariée, le 24 Août 1768, à Pierre Lecomte de Souvré, Capitaine au régiment de la Reine.
6. Yvonne de Monteffon.
7. Antoinette de Monteffon, mariée, par contrat du 13 Mars 1776, à Meffire Gilbert de Vaulx, Chevalier, Seigneur de la Roche, fils de feu Meffire Jean-Paul & de Dame Marie-Thérèfe de Bardon.

XII. DEGRÉ.

Balthazar-Michel de Monteffon, qualifié Comte de Monteffon (*a*), né à Douillet le 14 Octobre 1748, fut affaffiné à Ballon, avec fon beau-père, en 1790, par une des premières bandes révolutionnaires. Il avait été Capitaine au régiment du Roi, & avait époufé, par contrat du 30 Juin 1774, paffé par Martigné, Notaire au Mans, Marie-Charlotte Cureau, fille de Charles-Pierre, Écuyer, Seigneur de Roullée. Ils eurent :

1. Réné-Charles de Monteffon, qui fuit.
2. Alexandrine de Monteffon, mariée à Louis-Clovis Brillet, Baron de Candé en Anjou.

XIII. DEGRÉ.

Réné-Charles de Monteffon, qualifié Marquis de Monteffon (*c*), né au Mans le 5 Août 1780, émigré avec fa mère & fa fœur après l'affaffinat de fon père & de fon aïeul; Sous-Lieutenant dans Dauphin-cavalerie à l'armée des Princes, puis au régiment noble à cheval d'Angoulême, Chevalier de Saint-Louis le 20 Novembre 1816 (*d*), époufa, fuivant contrat du 2 Mars 1808, Marie-Adélaïde Belin des Roches, fille de feu Réné Belin des Roches & de feu N. de Blanchardon. Ils ont eu :

1. Charles-Réné-Louis-Roger de Monteffon, qui fuit.
2. Charles-Raoul de Monteffon, qui fuit après fon frère aîné.
3. Marie-Charlotte de Monteffon, mariée, le 2 Octobre 1832, à Julien-Ange de Marnière, Marquis de Guer.
4. Marie-Georgine de Monteffon, mariée, le 18 Novembre 1834, à Hyacinthe-Balthazar, Vicomte de Fournas du Botderu.

(*a*) Renonciation à la fucceffion maternelle du 25 Avril 1788.
(*b*) Cabinet des titres, fonds du Saint-Efprit.
(*c*) (*d*) Brevet de Chevalier de Saint-Louis. Original.

XIV. DEGRÉ.

CHARLES-RÉNÉ-LOUIS-ROGER, Marquis de Monteffon, né au Mans le 13 Avril 1809, ancien Officier de cavalerie, a époufé, le 18 Février 1841, Adrienne CHARLERY, fille de Julien-Romain & d'Hortenfe RIVAUT. Dont une fille :
MARIE-CHARLOTTE-HORTENSE-ADRIENNE-GENEVIÈVE de Monteffon.

XIV. DEGRÉ.

CHARLES-RAOUL, qualifié Comte de Monteffon, né au Mans le 27 Septembre 1811, a époufé, le 18 Janvier 1842, Laure-Bonne-Agathe OGIER, fille de feu Achille-Géraud-Suzanne, Vicomte OGIER D'IVRY, & d'Adélaïde ROUSSEAU DE PANTIGNY. Ils ont eu :

1. MARIE-JOSEPH-RÉNÉ de Monteffon, né au Mans le 15 Décembre 1842, Lieutenant au 5e régiment de chaffeurs.
2. MARIE-ROBERT de Monteffon, né au Mans le 4 Janvier 1844, marié, le 29 Avril 1867, avec Jeanne-Marie-Charlotte DE GIRARD DE CHARNACÉ, fille de Charles-Henri DE GIRARD, Vicomte de Charnacé, & de Marie-Charlotte-Louife D'ESTRICHÉ DE LA BARRE.
3. MARIE-CHARLES de Monteffon, né au Mans le 22 Décembre 1845, Sous-Lieutenant au 10e régiment de chaffeurs.

ALLIANCES. — BAILLEUL, DES ESCOTAIS, CHAMPEAUX, CHANTEPIE, LE MAIRE DE LA MAIRIE & DE MILLIÈRE, VASSÉ, ASSÉ, BOUILLÉ, DU BOUCHET, DES ROTOURS, LECORNU DE LA COURBE, ANTENAISE, CHATILLON D'ARGENTON, DE POIX, DU BUEIL, ROUGÉ, MONTÉCLER, JUPILLES, DU PRAT, GAULTIER-CHIFFREVILLE, LONLAY, BRILLET DE CANDÉ, FOURNAS DU BOTDÉRU, DE MARNIÈRE DE GUER, OGIER D'IVRY, DE GIRARD DE CHARNACÉ, &c.

Paris. — Typographie de FIRMIN-DIDOT et Cie, rue Jacob, 56.

www.ingramcontent.com/pod-product-compliance
Ingram Content Group UK Ltd.
Pitfield, Milton Keynes, MK11 3LW, UK
UKHW022251170726
13837UKWH00006B/2506